AF494221

X*** (Général) 1889. Octobre - 25

CATALOGUE

DE

LIVRES ANCIENS & MODERNES

ET

COLLECTIONS DE COSTUMES

MILITAIRES

Composant la 2e Partie de la Bibliothèque

DE FEU M. LE GÉNÉRAL X***

Dont la Vente aura lieu aux Enchères publiques
Les 25 et 26 Octobre 1889.

28, Rue des Bons-Enfants (Maison Silvestre, salle n° 3).

A 7 heures 1/2 du soir.

COLLECTIONS D'UNIFORMES MILITAIRES — JANET LANGE
DÉRO-BECKER — LAMY — VERNET — SCHINDLER — ADAM — MONTEN
MARTINET — CHARLET — BELLANGÉ
EISEN — LALAISSE — AUBRY — GÉRASCH — RAFFET — DÉTAILLE

MÉMOIRES — CLASSIQUES A GRAVURES — ÉQUITATION — CHASSES ET ESCRIME
ROMANTIQUES — OUVRAGES SUR PARIS ET LES PROVINCES

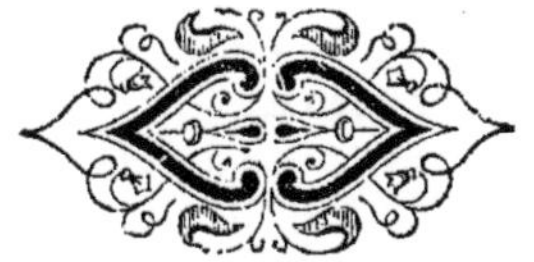

PARIS
LIBRAIRIE MILITAIRE EDMOND DUBOIS
18, rue des Grands-Augustins, 18
Près le Pont-Neuf

1889

LA VENTE AURA LIEU

Les 25 et 26 Octobre 1889

A 7 heures 1/2 du soir

MAISON SILVESTRE. — RUE DES BONS-ENFANTS, 28

Salle nº 3

Par le Ministère de **Mº Georges BOULLAND,** Commissaire-Priseur,
26, Rue des Petits-Champs, 26

Assisté de **M. Edmond DUBOIS,** Libraire Militaire,
18, Rue des Grands-Augustins, 18

A la fin de la Vacation :

4000 VOLUMES EN LOTS

CONDITIONS DE LA VENTE

La vente se fait au comptant.

Les acquéreurs paieront 5 p. 100 en sus des enchères, applicables aux frais.

Il y aura exposition chaque jour de vente de *2 à 4 heures.*

Les livres devront être collationnés sur place dans les vingt-quatre heures de l'adjudication. Passé ce délai, ou une fois sortis de la salle de vente, ils ne seront repris pour aucune cause.

M. E. DUBOIS, chargé de la vente, remplira les commissions des personnes qui ne pourraient y assister.

M. E. DUBOIS se réserve la faculté de réunir et de vendre en un seul lot tels articles du Catalogue qu'il jugera utile à l'intérêt de la vente.

HISTOIRE — MÉMOIRES — ROMANTIQUES — CLASSIQUES

LIVRES A GRAVURES

SCIENCES DIVERSES ET AUTRES

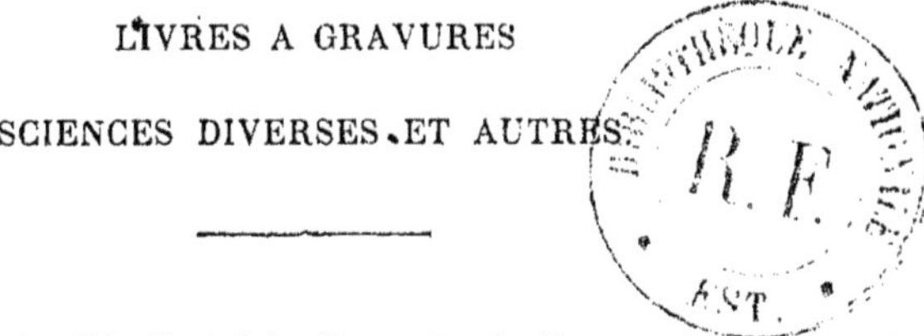

---

1 **Ville-Hardouin** (Geoffroi de). Conquête de Constantinople avec la continuation de Henri de Valenciennes, texte original accompagné d'une traduction. *Paris*, 1882, fort vol. gr. in-8, demi-maroq. rouge, plats toile, tr. dorée. *Bel exemplaire.*

2 **Molière.** Œuvres, avec un commentaire, un discours et une vie de Molière par Auger. *Paris*, *Desoer*, 1819-1825, 9 vol. in-8, avec un portrait d'après Mignard, et 16 gravures d'après Horace Vernet, demi-rel. v. pol., n. rog.

3 **Le Mahout.** Botanique, ornographie et taxonomie. Histoire naturelle des familles végétales. *Paris*, *Curmer*, 1855, gr. in-8, avec 23 planches en couleurs, planches en noir hors texte et de nombreuses fig. dans le texte, demi-maroq.

4 **Boileau.** Œuvres, avec commentaire par Amar. *Paris*, *Lefèvre*, 1821, 4 vol. in-8, avec un portrait d'après Rigaud par Lignon, et 6 gravures d'après Desenne par Chollet, cart. Bradel, n. rog.

5 **Piron.** Œuvres choisies d'Alexis Piron, précédées d'une notice historique sur sa vie. *Paris*, *Haut-Cœur et Gayet*, 1823, 2 vol. in-8, avec portrait et fac-simile, cart. Bradel, n. rog.

6 **Sandeau** (Jules). La Roche aux Mouettes, dessins par Bayard et Férat, gravures par Pannemacker. *Paris, Hetzel*, *s. d.*, fort vol. in-8, demi-maroq. rouge, pl. toile, tr. dorée.

7 **Paul et Virginie.** Dessins de la Charlerie. *Paris*, *Lemerre*, 1868, in-4, cart. toile, n. rog. *Très jolie édition tirée à petit nombre*, avec le texte encadré de fleurs variées, couleur violet.

8 **Vie de Joseph Balsamo**, connu sous le nom de comte de Cagliostro. *Paris*, 1791, in-8, avec un beau portrait, rel.

9 **Histoire des villes de France**, avec une introduction générale pour chaque province, par Aristide Guilbert. *Paris*, *Furne*, 1845, 6 forts vol. gr. in-8, avec 89 vues et 9 planches d'armoiries en couleurs, br.

10 **Histoire de la Révolution de 1830**, ornée de quarante lithographies, avec portraits en pied du roi, des princes et des principaux personnages, par M. Petit. *Paris*, 1831, in-fol., demi-v., avec coins.

11 **Susanni** (J. Baptiste de). Ad numismata imperatorum romanorum, etc. *Vindobononae*, 1767, in-4, v. pl., nombreuses figures gr. dans le texte.

12 **Lenfant** (Jacques). Histoire de la guerre des Hussites et du Concile de Basle. *Amsterdam, P. Humbert*, 1731, in-4 br., nombreux portraits grav. et vign. en tête de page.

13 **Art militaire** (De l'Encyclopédie). *Paris*, 1784, 5 vol. in-4, dont un de planches, rel.

14 **Puységur** (De). Art de la guerre, par principes et par règles. *Paris*, 1749, 2 vol. in-4, avec plans et gravures, veau pl. *Mouill. d'eau, raccommodage à la première pl.*

15 **Mémoires sur la vie de Mlle de Lenclos**, per M. B*** (Bret). *Amsterdam*, 1775, 3 parties en un vol. in-12, beau portrait gravé, v. marb.

16 **Daniel**. Histoire de France. *Paris, Mariette*, 1729, 1 vol. in-8, avec frontispice, vig., cartes, plans et grav., v. pl.

17 **Millevoye**. Œuvres complètes. *Paris, Ladvocat*, 1823, 6 vol. in-18, papier vélin, 1 portrait et 6 figures de Devéria, cart. Bradel, n. rog.

18 **Mémoires** du cardinal de Retz, de Guy Joli et de la duchesse de Nemours. *Paris, Furne*, 1828, 5 vol. in-8, demi-v. v. pol., dos or., non rog.

19 **Histoire des Reines de France**, par Madame Prus. *Londres*, 1846, 2 vol. in-8, demi-rel. avec coins, 72 portraits.

20 **Esquisses** de l'histoire, de la religion, des sciences et des mœurs des Indiens, avec un exposé très court de l'état politique actuel des puissances de l'Inde. Ouvrage traduit de l'anglais, de (Craufurd, par le comte de Montesquiou Fézensac). *Dresde*, 1791, 2 parties en un fort vol. in-8 rel. ; *ouvrage rare*, tiré à 20 exemplaires seulement, sur grand papier de Hollande.

21 **Grandes Femmes** (les) de France. Histoire de leur vie et de leur temps, par A. Driou. *Paris, Lefèvre, s. d.*, fort vol. gr. in-8, avec gravures de Désandré, demi-maroq. v., pl. toile, tr. dorée.

22 **Fénelon**. Aventures de Télémaque. *Paris, Lequien*, 1820, 2 vol. in-8, avec la suite des 24 figures de Moreau et le portrait, rel. v. pl. pol., gauf., fil. or. et dent. à fr. sur les pl., dos or., tr. dorée. (Ginain). Très bel exemplaire.

23 **Œuvres de Le Sage**. *Paris, Renouard*, 1821, 12 vol. in-8, cart. Bradel, n. rog.

24 **Voltaire**. Œuvres complètes. *Paris, Renouard*, 1819-1823, 66 vol. in-8, avec la suite de 160 gravures de Moreau le jeune, rel. demi-v. rouge à nerfs, entièrement non rogné. (Bradel).

25 **Beaumarchais**. Œuvres complètes. *Paris, Furne*, 1828, 6 vol. in-8, avec fig. demi-v. pol., n. rog.

26 **Plutarque**. Les vies des hommes illustres, trad. par Ricard. *Paris, Emler*, 1829, 10 vol. in-8. demi-v. pol., n. rog.

27 **Œuvres complètes** de Paul-Louis Courier. *Paris, Sautelet*, 1829, 4 vol. in-8, demi-bas.

28 **Lamartine**. Œuvres de M. de Lamartine. *Paris, Gosselin*, 1832, 4 vol. gr. in-8, 1 portrait et 3 gravures, demi-v. pol. (Ledoux).

29 **La Fontaine**. Fables, illustrées par Gustave Doré. *Paris, Hachette*, 1867, in-fol., (en livraisons), br.

30 **La Fontaine**. Œuvres complètes de la Fontaine, précédées d'une notice sur sa vie. *Paris, Lefèvre*, 1818, 6 vol. in-8, avec 26 figures de Moreau, v. pl., dent. s. les pl., dos or., tr. dorée.

31 **Thiers**. Histoire de la Révolution Française. 3e édition. 1832, 10 vol. in-8, demi-rel. v.

32 **Histoire** de la réformation du seizième siècle par J. H. Merle d'Aubigné. *Paris*, 1848-1853, 5 vol. — Histoire générale de la réformation par le R. P. John Morisson, trad. de l'anglais par Burnier. *Paris*, 1845, 1 vol. ; ensemble 6 vol. in-8, demi-chag. n., pl. toile.

33 **Fenimore Cooper**. Œuvres. *Paris, Furne*, 1830-1833, 12 vol. in-8, figures sur chine, demi-v.

34 **Polybe**. Histoire de Polybe, trad. du grec par Dom Thuillier, avec un commentaire, ou corps de science militaire par de Folard. *Paris*, 1727, 6 vol. in-4, portrait et nombreuses planches, grav., veau pl., *exemplaire aux armes des Princes d'Arembert*.

35 **Mémoires** secrets de la cour de France, contenant les intrigues du cabinet pendant la minorité de Louis XIV (par L. Rustaing de Saint-Jory). *Amsterd.*, 1733, 3 vol. in-12, v. marb.

36 **Douchez**. Notice historique sur Beauvois. *Cambrai*, 1873, in-8 br.

37 **Aubigné** (Th. Agrippa d'). Les aventures du baron de Fœneste ; nouv. édit. rev. par Prosper Mérimée. *Paris, Janet*, 1855. (Biblioth. Elzévirienne).

38 **Corneille** (P.). Œuvres, avec le commentaire de Voltaire. *Paris, Janet et Cotelle*, 1821, 12 vol. in-8 (y compris le vol. de Thomas Corneille). Demi-v. pol., entièrement n. rog. (Bradel).

39 **Massillon**. Œuvres complètes. *Paris, Raymond*, 1821, 13 vol. in-8, 1 port., cart. Bradel, n. rog.

40 **Scott** (W). Œuvres complètes. *Paris, Furne*, 1830-1832, 32 vol. et atlas in-8, avec gravures rel. Demi-v.

41 **Villemain**. Mélanges historiques et littér. 3 vol. — Cours de littérature par le même. *Paris, Pichon et Didier, (chez Ladvocat pour les 3 premiers vol.)*, ensemble 8 vol. in-8,avec portraits. Demi-v. (Ledoux).

42 **Marmottan** (Paul). L'Ecole Française de peinture (1789-1830). *Paris, Renouard*, 1886, fort vol. in-12. Demi-chag. rouge, n. rog.

43 **Marmottan** (Paul). Tableau de Valenciennes au XVIIIe siècle, manuscrit inédit de Dom Buvry, dernier abbé de St-Saulve (1783). *Valenciennes,Lemaitre*, 1887, br. gr. in-8, *tirée à 150 exempl. sur papier de Holl.*

44 **Marmottan** (Jules). Vrai caractère des caisses de secours, instituées par les compagnies houillères, 1870. — Pangermanisme et droit primordial allemand, etc., par J. Rousset et Jules Marmottan. 1869. Ensemble, 2 br. in-8.

45 **Portugal**. Essai sur l'histoire du Portugal, depuis la fondation de la monarchie jusqu'à la mort de D. Pèdre IV, par Chaumeil de Stella et Aug. de Santeul. *Paris*, 1839, 2 vol. in-8, avec 2 port. et des fac-simile. Demi-chag. avec coins.

46 **Chateaubriant**. Œuvres complètes. *Paris, Garnier*, 1859-1861, 12 vol. in-8, avec fig. Demi-bas. rouge, pl. toile.

47 **Association Française** pour l'avancement des sciences. Comptes rendus. *Paris*, 1881-1888, 13 vol. in-8, cart.percal. 1880. Reims, 1881, Alger. 1882, La Rochelle. 1883, Rouen. 1884, Blois. 1885, Grenoble. 2 vol., 1886. Nancy, 2 vol. 1887. Toulouse, 2 vol., 1888. Oran, 2 vol.

48 **Grimm** (le Baron de). Correspondance littéraire philosophique et critique adressée à un souverain d'Allemagne, depuis 1753 jusqu'en 1769, par le Baron de Grimm et Diderot. *Paris*, 1813-1829, 18 vol. in-8. Demi-rel. n. rog. (Mouill. d'eau).

49 **Lettres** Champenoises, ou observations critiques ou correspondance morale et littéraire. *Paris,* 1809-1824, 11 vol. in-8 cart.

50 **Musset** (Alfred). Œuvres complètes. *Paris, Charpentier*, 1884, 11 vol. gr. in-8, fig. Demi-chag. bleu foncé, n. rog., tête dorée. *Bel exemplaire.*

51 **MONNIER** (Henry). **Scènes de la ville et de la campagne,** avec 8 vignettes sur bois. *Paris, Dumont*. 1841, 2 vol. in-8 br. couverture imp., *édition originale, exemplaire à l'état de neuf. Rare.*

52 **Paris** (le vice-amiral). L'art naval à l'Exposition de 1867. 2 tomes en 3 parties in-8 et 2 atlas in-fol. oblongs, rel. demi-chag.

53 **Mercier**. Madame Lavalette, nièce de Joséphine. *Paris, Ledoyen*, 1839, in-8, cart. Bradel.

54 **Robida**. Le Vingtième siècle. Texte et dessins de Robida. *Paris*, 1884, fort vol. in-4 br.

55 **Histoire** de l'économie politique des anciens peuples de l'Inde, de l'Egypte, de la Judée et de la Grèce, par Dumesnil-Marigny. *Paris, Plon*, 1872, 2 forts vol. in-8 br.

56 **Quinet** (E.). La création. *Paris*, 1870, 2 vol. in-8 br.

57 **Desjardins** (Abel). Vie de Jeanne d'Arc. *Paris*, 1885, gr. in-8 carré, nombreuses gravures, rel. demi-maroq., plats toile, tr. dorée.

58 **Gavarni**. Contes du chanoine Schmid, traduction de A. Cerfberr de Medelsheim. *Paris, Royer*, 1843, 2 vol. gr. in-8, demi-chag. vert, pl. pap. chag., tr. dorée. (Fock)

Un portrait et 22 illustrations hors texte par Gavarni.

59 **Fénelon**. Aventures de Télémaque avec le portrait de l'auteur. *Paris, Lefèvre*, 1824, 2 vol. in-8, papier vélin, rel. demi-maroq. vert avec coins, n. rog. (Bonfils).

Légères taches aux 7 premiers feuillets du tome 1er.

60 **Bibesco** (le Prince). Histoire d'une frontière, la Roumanie, sur la rive droite du Danube. 1883. Campagne de 1870, Belfort, Reims, Sedan, le 7e corps de l'armée du Rhin. 1878. — Recueil, politique, religion, duel. 1888. Ens. 3 vol. in-8 br.

61 **Sismondi** (Simonde de). Histoire des Républiques Italiennes du moyen-âge. *Paris, Furne*, 1840, 10 vol. in-8, avec gravures, demi-veau fauve.

62 **Hommage aux dames** (par Ch. Malo). *Paris, Janet, s. d.* (1815), in-18, avec 1 titre et 6 jolies fig. cart., avec étui.

63 **Livre de la ferme** (le) et des maisons de campagne, par Joigneaux. *Paris, Masson*, 1863, 2 forts vol. gr. in-8, nombreuses fig. dans le texte, br.

64 **Libri** (Affaire). Réunion de 19 vol. ou br. in-8, sur l'affaire Libri. Catalogue avec prix manus., etc.

65 **Hugo** (Vict.). Histoire d'un crime. *Paris, Lévy*, 1877, 2 v. in-8 br.

66 **Vanière**. Jacobi Vanierii Praedium rusticum. *Paris, Barbou*. 1774, in-12, 1 frontispice par Gravelot, gravé par de Longueil; pap. de Holl., rel. v. f., dent. sur les pl. et int., dos or., tr. dor. (Bozérian).

67 **Biographie**. Un Gascon du XVIe siècle. Le premier Duc d'Epernon par G. de Monbrison. *Paris, Chamerot*, 1878, pap. de Holl. — Joachim du Bellay, par Léon Séché, eaux-fortes par P. Vidal. *Paris, Didier*, papier de Holl. Ens. 2 vol. in-8 br.

68 **Fournier.** L'esprit des autres recueilli et raconté par E. Fournier. 4e édit. *Paris, Dentu*, 1861, titre rouge, demi-maroq. — La chanson d'Antioche, composée au XIIe siècle par Richard le Pélerin, renouvelée par Graindor de Douai au XIIIe siècle, publiée par M. Paulin Paris, trad. par la Marquise de Sainte-Aulaire. *Paris, Didier*, 1861, titre rouge, demi-maroq. Ens. 2 vol. in-12.

69 **Dormoy** (E.). Théorie Mathématique des assurances sur la vie. *Paris, Gauthier-Villars*, 1878, 2 vol. gr. in-8 br.

70 **Contes** de l'abbé de Voisenon, avec notice bio-bibliographique par Gustave Uzanne. *Paris, Quantin*, 1878, in-8, port. et eaux-fortes br., papier de Hollande. (Collection des Petits Conteurs).

71 **Calidasa**. Sacountala, drame en sept actes, mêlé de prose et de vers, trad. par Abel Bergaigne et Paul Lehugeur. *Paris, Jouaust*, 1884, in-12 br., n° 1 d'un tirage à 25 exempl. sur papier de Chine.

72 **Krudener** (Mme de). Valérie, préface de Parisot, eaux-fortes de M. Leloir, variantes et bibliographie. *Paris, Quantin*, 1878, in-8 br., texte avec encadrement rouge, papier vergé chamois.

73 **Jérusalem délivrée** (la), traduct. par Philipon de La Madelaine, augmentée d'une description sur Jérusalem par M. de Lamartine; édition illustrée par Baron et C. Nanteuil. *Paris, Mallet*, 1844, gr. in-8, demi-maroq. rouge, tr. dorée, figures sur chine.

74 **Foucaud** (E.). Les artisans illustres. *Paris*, 1841, gr. in-8, portraits et nombreuses figures, demi-bas.

75 **Suisse pittoresque** (la) et ses environs, descript. des 22 Cantons, de la Savoie, d'une partie du Piémont et du pays de Bade, par A. Martin. *Paris, Souverain*, 1835, 1 vol. gr. in-8 à 2 colonnes, avec nombreuses gravures, demi-maroq. vert.

76 **Bretagne** (la) ancienne et moderne par Pitre-Chevalier, illustrée par Leleux, Penguilly, T. Johannot, *éditée par W. Coquebert. Paris, s. d.*, très fort vol. gr. in-8, avec nombreuses gravures hors texte et dans le texte, blasons coloriés, etc., demi-bas.

77 **Bourbonnais.** Antoine de Laval et les écrivains Bourbonnais de son temps, par H. Faure. *Moulins*, 1870, in-8 br.

78 **Du Challu** (P.). L'Afrique sauvage, nouvelles excursions au pays des Ashangos. *Paris*, 1868, gr. in-8, avec illustrations et cartes, demi-chag., pl. toile, tr. dor.

79 **Provinces.** Lot de 12 vol. ou brochures sur les provinces.

80 **Fleury** (Ed.). Antiquités et monuments du département de l'Aisne; ouvrage accompagné de nombreuses gravures d'après les dessins de MM. Ed. Fleury, Piette, Pilloy, Malézieux, etc. *Paris*, 1877-82, 4 vol. tr. gr. in-4, br.

81 **Provinces.** 4 vol. in-8. — 1. Le Protestantisme dans le pays de Montbéliard par l'abbé Tournier. *Besançon*. 2. Recherches sur l'administration municipale de Rennes au temps de Henri IV, par H. Carré. *Paris*, 1888. 3. Notice sur Montpellier par Ch. de Belleval. *Montpellier*, 1818. 4. Précis historique du Poitou, pour servir à l'hist. générale de cette province, suivi d'un aperçu statistique des départements de la Vienne, des Deux-Sèvres et de la Vendée, par Giraudeau. *Paris*, s. d.

82 **Racine.** Œuvres complètes, avec les notes de tous les commentateurs, édition publiée par Aimé-Martin. *Paris, Lefèvre*, 1820, 6 vol. in-8, ornés d'un portrait et de 12 jolies gravures d'après les compositions de Gérard, Girodet et Prud'hon ; demi-v., entièrement n. rog., *très bel exempl., papier fin des Vosges.*

83 **Montesquieu.** Œuvres de Montesquieu, avec éloges, analyses, commentaires, remarques, etc., par MM. Destutt de Tracy, Villemain. *Paris, Leroux*, 1828, 8 vol. in-8, avec portr., demi-rel. entièrement n. rog., *bel exemplaire, papier vélin.*

84 **Fleurs** historiques des dames et des gens du monde, par Larousse. *Paris, s. d.*, gr. in-8, demi-chag., pl. toile, tr. dorée, 1 fig.

85 **Horace.** Œuvres complètes, trad. par Ch. Batteux. *Paris, Dalibon*, 1823, 3 vol. in-8, cart. Bradel, n. rog.

86 **Essais** de Michel de Montaigne. *Paris, Lefèvre*, 1818, 5 vol. in-8, avec portr., cart. Bradel, n. rog.

87 **Vallery-Radot.** Souvenirs littéraires, publiés par René Vallery-Radot. *Paris, Chamerot*, 1877, in-8 br., papier de Holl.

88 **Pompeia** décrite et dessinée par Ernest Breton, suivie d'une notice sur Herculanum. *Paris, Gide et Baudry*, 1855, gr. in-8 illustré, br.

89 **Bourges** (Is. de). Description des monuments de Paris. *Paris, Quantin*, 1878, in-8, avec fig., papier de Holl.

90 **Lacroix** (Jules). Le Roi Lear, drame en cinq actes, en vers, imité de Shakspeare. *Paris, Claye*, 1868, in-12, 1re édition, papier de Holl.

91 **Petit** (Léonce). La Conversion de Monsieur Gervais, avec nombreux dessins de l'auteur. *Paris, Charpentier*, 1881, pet. in-4 br.

92 **Lemoyne** (And.). Une Idylle normande, illustrations de Antoine Duplais-Destouches. *Paris, Charpentier*, 1882, pet. in-4 br.

93 **Vauban.** Mémoire pour la conduite des sièges. *Leide*, 1740, in-4, nomb. pl., rel.

94 **Bitainvieu** (le Sr de). L'art universel des fortifications françoises, hollandoises, espagnoles, italiennes et composées, etc. *Paris, Du Brueil*, 1674, in-8, nombreuses planches grav.

95 **Surirey de St-Remy.** Mémoires d'artillerie. *Paris*, *Rollin*, 1745, 3 vol. in-4, nombreuses et belles planches gravées, contient la belle planche représentant le *Magasin Royal des armes de Paris, qui manque presque toujours aux exempl.*

96 **Technologie** du bâtiment, ou étude complète des matériaux de toute espèce, employés dans les constructions. 2e édition par Théodore Chateau. *Paris*, 1880, 2 vol. en 6 fascicules, br.

97 **Compte-rendu** par le Général Bernadotte ex-Ministre de la guerre. De l'administration de ce département, depuis le 15 Messidor an 7, jusqu'au 29 Fructidor suivant, présenté aux consuls de la République. *Paris, Imp. de la République*, an VIII, (1800), in-fol., br.

98 **Jal**. Abraham Duquesne et la marine de son temps. *Paris*, *Plon*, 1873, 2 vol. gr. in-8 br.

99 **Maude-La-Clavière** (de) Les origines de la Révolution Française au commencement du XVIe siècle; la vieille réforme. *Paris*, *Leroux*, 1889, gr. in-8 br.

100 **Dübner.** C. Julii Cæsaris commentarii de Bellis Gallico et civili aliorvm. *Parisiis*, *ex-Typographéo Imperiali*, 1867, 2 vol. gr. in-8 br., n. c.

101 **Russie** (la) ancienne et moderne par Charles Romey et Alfred Jacobs. *Paris*, *Furne*, 1855, fort vol. gr. in-8 avec nomb. fig., demi-chagrin pl. toile, taches dans les marges du haut.

102 **Histoire** de Philippe et d'Alexandre-le-Grand, Rois de Macédoine, par le Sr de Bury. *Paris*, 1768, in-4, v. pl.

103 **Mémorial** de Ste-Hélène, par le Comte de Las Cases. *Paris*, 1847, 2 vol. gr. in-8, illustrés, demi-bas.

104 **Dictionnaire** de botanique par Baillon. *Paris*, *Hachette*, 1876, fort vol. in-4, fig. et pl. en coul., cart.

105 **Artois**. Réunion de 6 brochures in-8.

106 **Champagne.** Réunion de 12 brochures, la plupart tirées à petit nombre.

107 **Coët** (Emile). Fragments d'histoire locale. 1887, tome 1er. Tablettes d'histoire locale par le même. *Compiègne*, 1888, 2e partie, ensemble 1 vol. in-12 et 1 vol. in-8, br.

108 **Montaiglon** (A. de). Procès-verbaux de l'Académie Royale de peinture et de sculpture. Tome VIII (1769-1779). *Paris*, *Charavay*, 1888, 1 vol. Correspondance des directeurs de l'Académie de France à Rome, avec les surintendants des bâtiments, par le même. Tome 2. (1694-1699). *Paris*, *Charavay*, 1888, 1 vol., ens. 2 vol. in-8 br., pap. de Holl.

109 **Dijon.** Voyages agronomiques dans la sénatorerie de Dijon, par François (de Neufchateau). *Paris*, 1886, in-4, avec carte. (Mouill.).

110 **Arras.** Histoire de l'Académie d'Arras, par Van Drival. *Arras*, 1872, in-8 br.

111 **Gabet.** Dictionnairedes artistes de l'Ecole Française au XIXe siècle, peinture, sculpture, architecture, gravure, dessin, etc. *Paris*, 1831, in-8 rel.

112 **Nisard** (Charles). Correspondance inédite du Comte de Caylus avec le P. Paciaudi, Théatin (1757-1765). *Paris, Imp. Nationale*, 1877, 2 vol. in-8 br.

113 **Monacologie** illustrée de figures sur bois dans le texte, (ou essai sur l'histoire naturelle de quelques moines par le baron Jg. de Born). *Paris, Paulin*, 1844, pet. in-8 br., couv. imp.

114 **Algérie.** Réunion de 8 vol. gr. in-8 et in-12 br. Les ruines de l'Algérie, par Vigneral. 2 vol. — L'Idiome d'Alger, par Roland de Bussy. — Vingt ans en Algérie par Villacrose, etc., etc.

115 **Mexique.** 5 vol. in-8 br.. Vigneau. Souvenirs d'un prisonnier de guerre. L'intervention française au Mexique par Duvernois. Le Mexique, par Mathieu de Fossey (manque le faux-titre). — Expédition du Mexique. Discours par M. Thiers.

116 **Marine.** Navigation, tactique, constructions, dictionnaire, etc. 12 vol. in-4.

117 **Marine.** Texte anglais. Construction des vaisseaux et navigation. 6 vol. in-4.

118 **Algérie.** Galibert. L'Algérie ancienne et moderne, vignette par Raffet. *Paris, Furne*, 1844. — Laporte. Souvenirs d'Algérie. *Paris*, s. d., ens. 2 vol. gr. in-8 rel.

119 **Tamisier.** Voyage en Arabie. *Paris*, 1840, 2 vol. in-8 rel.

120 **Marine.** Arimage des vaissaux, publié par ordre du Roi par de Missiessy-Quiès. 1789, rel. aux armes. — Instructions nautiques relatives aux cartes et plans. du pilote de Terre-Neuve. *Paris*, 1784, rel. aux armes royales. Ensemble 2 vol. in-4.

121 **Madagascar.** Voyage à Madagascar et aux îles Comores (1823-1830), par Leguével de Lacombe. *Paris*, 1840, 2 vol. in-8, avec cartes et fig.

122 **Algérie.** Géographie de l'Algérie, par O. Niel. 1876-1880, 2 vol. — Manuel du vigneron en Algérie et en Tunisie, par Gaillardon. *Paris*, 1886, 1 vol. — Souvenirs d'un chef de bureau arabe. *Paris*, 1858, 1 vol. ; ens. 4 vol. in-12 br.

123 **Histoire** de la Grèce ancienne, par A. Duruy. *Paris, Hachette*, 1862, 2 vol. in-8, d.-chag. bl., pl. toile.

124 **Afrique.** La vie en Afrique, ou trois ans dans l'Afrique Centrale par Jérôme Becker, avec préface du Cte Goblet d'Alviella. *Paris, Bruxelles*, 1887, 2 forts vol. gr. in-8, avec 1 front., 1 potrait à l'eau-forte, une carte spéciale et 150 dessins originaux.

125 **Pouqueville**. Voyage de Grèce. *Paris*, 6 vol. in-8, avec cartes, vues et figures, demi-v.

126 **Bulletin de Géographie**. Années 1878 à 1881, plus des numéros séparés des années 1877 et 1882.

127 **Amérique**. Statistical Atlas of the United States Based on the results of the Ninth Census 1870. By Walker. *Julius Biew*, 1874, gr. in-fol. rel. Environ 60 pages de texte et 54 cartes, tableaux, etc., géologiques, forestières, minéralogiques, historiques et politiques.

128 **Afrique**. Paul Soleillet. L'Afrique occidentale, Algérie, Mzab, Tildikelt. *Avignon*, 1877, in-8 br., 1 carte et 1 portrait. *Ouvrage tiré à cent exemplaires sur papier vélin.*

129 **Marine**. 10 vol. in-8 br. et rel. Fonsagrives. Hygiène. — Lafay, Aide-mémoire d'artillerie. — Viel. Construction des bâtiments de mer. — Gougeard. Les arsenaux de la marine. 2 vol. — Manuel financier à l'usage de la marine.

130 **Holmes**. Voyage en Chine et en Tartarie à la suite de l'ambassade de Lord Macartney. *Paris*, 1805, 2 tomes en 1 vol. in-8, avec cartes et gravures, rel. veau v. pol., dent. et dess. sur les pl., dent. int., dos or., tr. dor. (Martin). *Très bel exempl.*

COSTUMES MILITAIRES. — OUVRAGES MILITAIRES. —

GRAVURES. — ALBUMS. — VUES. — PEINTURE. —

CARTONS DE GRAVURES DIVERSES.

---

131 **Portraits** des maréchaux de France. 40 portraits format in-4, dessinés d'après les originaux du musée de Versailles et gravés par diff. artistes.

132 **Military History** of the late prince Eugène de Savoy and of late John Duke of Malborough including a particular description of the several Battles, sièges, etc. *London*, 1735, 2 vol. in-fol., avec nombreuses planches gravées, rel. v. pl. anc., dent., fil. et sujets allégoriq. sur les pl., dos or. *Belle reliure curieuse.*

133 **Ternisien-d'Haudricourt**. Fastes de la nation française et des puissances alliées, ou tableaux pittoresques gravés par d'habiles artistes, accompagnés d'un texte explicatif. *Paris*, 1807, fort vol. in-4, demi-rel., *ouvrage entièrement gravé.*

134 **Barthélemy** et **Méry**. Napoléon en Égypte. Waterloo et le fils de l'homme, illustré par H. Vernet et H[te] Bellangé. *Paris*, *Bourdin*, *s. d.*, gr. in-8, demi-chag., n. rog., figures sur chine.

135 **Chevalerie.** Histoire des ordres royaux, hospitaliers, militaires de Notre-Dame du Mont-Carmel et de Saint-Lazare de Jérusalem, par Gautier de Sibert. *Paris*, *de l'Imp. Royale*, 1772, in-4 br., 1 portrait d'après le tableau de Vanloo, gr. par Voysard, 1 front., 4 gravures, 3 vignettes en tête de page et 2 culs-de-lampe d'Eisen grav. par Baquoy, l'une des vignettes cont. le portr. de Louis XVI alors Dauphin.

136 **Galerie militaire** de Napoléon Bonaparte; recueil de tous les tableaux et monuments où sont représentés les principaux événements de sa carrière militaire. *Paris*, *Panckoucke*, 1821, in-fol. oblong, cont. 37 planches dessinées par Ambroise Tardieu, gr. par Normand. *Intéressant pour les uniformes militaires.*

137 **Chevalerie.** Histoire des ordres de chevalerie civils et militaires. Empire Français, Légion d'honneur. *Paris*, 1811, in-fol., avec 2 planches grav. et finement coloriées.

138 **Jubé** (Le général Aug.). Le Temple de la Gloire, ou les fastes militaires de la France, depuis le règne de Louis XIV jusqu'à nos jours. *Paris*, 1819, 2 vol. in-fol., 2 titres et 35 planches gr. par Martinet, demi-v. avec coins.

139 **Vernet** (Horace). La vie d'un soldat. 1797, 3 planches in-fol. en travers.

140 **Adam** (Victor). Etude de chevaux, 8 planches en travers. Aubry, équitation, 2 planches. Ensemble 10 planches in-fol

141 **Uniformes militaires** par Aubry. 1823, 6 planches gr. in-fol. à toutes marges, une des planches est coloriée.

142 **Du Choul.** Discovrs de la religion des anciens Romains ; de la castramétation et discipline militaire d'iceux, etc. *Lyon*, *Gvillaume Roville*, 1580, in-4, avec de nombreuses et curieuses gravures sur bois dans le texte, rel. parchemin.

143 **Uniformes de la Garde Royale**, par le chef d'escadron Mallet. 1817, 4 f[lles] gr. in-fol. à toutes marges. *Rare.*

144 **Pacini.** La Marine, illustrations de Morel-Fatio. *Paris*, *Curmer*, 1844, gr. in-8, cartonnage de l'éditeur. 7 planches d'uniformes de la marine, coloriés, et 24 fig. hors texte et dans le texte.

145 **Déroulède** (Paul). Le premier Grenadier de France, La Tour d'Auvergne. *Paris*, *Hurtrel*, 1886, in-12 avec figures n. et coloriées, n° 18 d'un tirage à 100 exempl. sur papier de Hollande, br. avec son emboîtage.

146 **Costumes des différents peuples**. 24 petites vignettes dont 14 en couleurs.

147 **Napoléon** et ses **Contemporains,** suite de gravures représentant des traits de la vie de Napoléon, avec texte par Aug. de Chambure. *Paris, Bossange*, 1824, 1 vol. in-4 rel., 1 portrait et 46 figures d'après Deveria, Desenne, Eug. Lami, Steub, Charlet, etc.

148 **Histoire** des modes françaises ou révolutions du costume en France, etc. (par Nolé). *Amsterdam*, 1773, in-12, v. pl.

149 **Album**. Vues d'Italie et de Sicile; dessinées par R. D. *Metz*, 1835, 31 planches lithog. in-fol., rel.

150 **Portraits** Collection de 40 portraits de Généraux, hommes et femmes célèbres. Lithograph. gr. in-8, rel. en 1 vol.

151 **Costumes des régiments et des milices, recrutés dans les anciennes provinces d'Alsace et de Lorraine,** les Républiques de Strasbourg et de Mulhouse, la principauté de Montbéliard et le duché de Lorraine, pendant les XVIIe et XVIIIe siècles, par Henry Ganier. *Epinal*, 1882, album in-folio contenant 20 belles planches d'uniformes militaires en chromolithographie, avec un texte et des notices.

152 **Portraits.** Collection de 110 portraits des généraux, officiers et savants qui ont fait partie de l'expédition d'Egypte. In-8 à toutes marges. (Gravés par Dutertre).

153 **Portraits.** Collection de 25 portraits des personnages les plus célèbres du siècle de Louis XIV, avec notice sur chacun; dessinés par Devéria, gravés par Dieu, Tavernier, Decauvillier, Wegwoud, Adam, etc. *Paris, Lemarchand*, 1829, in-8 broch., couverture, n. rog.

154 **Armengaud.** Les Galeries publiques de l'Europe. Rome. *Paris, Claye*, 1856, 3 fascicules in-fol., nombr. grav. br.

155 **Perron. Armée Suisse, Uniformes militaires,** (vers 1860). 15 planches gr. in-fol., lithog. et coloriées.

156 **Adam.** 24 croquis pittoresques dessinés d'après nature dans la Russie en 1812. *Munich, s. d.*, (1830), album in-fol.

Très jolie collection complète. *Très rare.* M. Albert Adam fut attaché en qualité de dessinateur au Prince Eugène pendant la campagne de 1812. Très intéressant pour le costume militaire de l'époque.

157 **Ménard** (René). Entretiens sur la peinture. *Paris, Libr. de l'art*, 1875, pet. in-fol., avec 47 eaux-fortes, br.,(le titre annonce 50 eaux-fortes).

158 **Finard.** Armées alliées en 1814-1815. 8 planches coloriées.

159 **Robert** (Karl). L'aquarelle, traité pratique et complet sur l'étude du paysage. 1870, gr. in-8, avec fig., br.

160 **Tableau** peint, représentant un adjudant de cuirassiers, tenant un Drapeau pris aux Russes (1812), d'après Bellangé (?). Environ 75 c. de haut sur 35 de large.

161 **Montagnac** (E. de). Les Ardennes illustrées (France et Belgique). *Paris, Hachette*, 1869, 2 vol. in-fol. br., tomes I et III.

162 **Adam** (Victor). Suite de 6 planches in-fol., représentant 12 figures de voitures et chevaux harnachés, lithograph. coloriées.

163 **Ambert-Aubry.** Esquisses historiques des différents corps de l'armée française. *Paris*, 1833, gr. in-fol., 16 planches de Aubry, lithographiées et coloriées.

164 **Ambert-Aubry. Costumes militaires.** Esquisse historique de l'armée française. *Saumur*, 1835, gr. in-fol., rel. demi-chag. rouge ; *très bel exemplaire.*

Double suite des 16 belles planches in-folio, dessinées par Aubry, avec entourage. 1 suite coloriée et 1 suite en noir.

165 **Rabe.** Collection des uniformes prussiens, 1688-1845. 6 planches in-fol. en travers. Lanciers, infanterie, garde du corps, infanterie (garde), cuirassiers, dragons. Lithog. très soigneusement coloriées.

166 **Basilique** de Sainte-Geneviève, ancien Panthéon français. Description historique et artistique par Ch. Ouin La Croix ; édition illustrée, dessins et impressions exclusivement autographiques et chromo-autographiques. *Paris, Chauvin*, 1867, pet. in-fol. cart., 1 portr. et nombreuses planches en couleurs et en noir.

167 **Album** des diverses localités formant les établissements industriels d'acide boracique, fondés en Toscane en 1818, par le comte de Larderel. *Paris, Lemercier, s. d.*, album gr. in-fol. contenant 1 portrait et 21 vues.

168 **Souvenirs de Coucy**. Dessins lithographiés par de Lépinois Père, accompagnés d'un texte historique et descriptif, par le chevalier de Lépinois. *Paris*, 1834, in-fol. rel.

169 **Un mois à Venise**, ou recueil de vues pittoresques dessinées par M. le comte de Forbin et M. Dejuinne, et lithographiées par MM. Arnout, Aubry-Lecomte, Coupin, Fragonard, Gudin, Mauzaisse, Schmit, Vauzelle et Villeneuve, avec un texte historique et explicatif, publié par Engelmann. 1825, gr. in-fol., avec 15 planches et 38 pages de texte, rel.

170 **Glorieuses campagnes** (les) de Louis XV le Bien-aimé, représentées par des figures allégoriques avec une explication historique par Gosmond. *Paris, s. d.* (vers 1760), 31 planches in-4, finement gravées.

171 **Médailles** du règne de Louis XV. *S. l. n. d. (Paris*, vers 1770), pet. in-fol., 1 frontisp. gravé par Cars, d'après F. Le Moyne, un cartouche pour le titre n. sig. et 52 feuilles entourées d'un encadrement historié, cont. les reproductions des médailles finement gravées, n. sig.

172 Sous ce numéro il sera vendu **3 albums** de dessins anciens et modernes et **plus 150 dessins** divisés en plusieurs lots.

173 **COSTUMES MILITAIRES. Uniformes de l'armée prussienne par Schindler.** 53 planches lithographiées et soigneusement coloriées, montées sur onglets et rel. en 1 vol. gr. in-fol.

Bel exemplaire en 1er tirage de la 1re édition. Le catalogue de Meidinger ne mentionne que 50 planches pour la collection.

174 **Neuville** (De). Croquis militaires. 20 planches gr. in-fol., dans un carton spécial. 2 des planches sont coloriées.

175 **Histoire** des divers corps de la maison militaire des rois de France, jusqu'en 1818. *Paris*, 1818, in-8 br.

176 **Lami** (Eug.). Cavalerie française. Uniformes. 1834, 13 planches in-4 et in-fol., coloriées.

177 Sous ce numéro, il sera vendu un lot de gravures, dessins, portraits, vues, etc.; environ 60 pièces.

178 **Histoire** de la campagne de Russie pendant l'année 1812 et de la captivité des prisonniers Français en Sibérie par G. Marco de Saint-Hilaire. *Paris*, s. d., 2 vol. gr. in-8, demi-chag., *taches de rouss. et d'eau au texte.*

30 planches d'uniformes militaires coloriées.

179 **Vernet** (Carle). Etudes de chevaux, 11 planches in-fol.

180 **LACROIX** (Paul). **Le Moyen-Age et la Renaissance.** *Paris*, 1848, 5 vol. in-4, demi-maroq., tr. rouge. *Bon exemplaire.*

181 **Dumas** (G.). Catalogue illustré du Salon, de l'origine 1879 à 1886 inclus, soit 8 années en 8 vol. in-8, demi-chag. n.

182 **Draner**. Souvenirs du siège de Paris. Les défenseurs de la Capitale. *Paris*, *s. d.*, album de 31 planches en couleurs.

183 **Eckert et Monten**. Uniformes du Royaume de France (1830). 9 planches in-fol. lithogr. coloriées, couverture spéciale imp.

184 **Almanachs de Goettingue** pour les années 1804-1805-1806-1807 et 1809, ensemble 5 vol. in-12, avec jolies figures, types d'uniforme militaire et costumes civils.

185 **Drapeau** (le). Moniteur illustré de la Ligue des patriotes, années 1882 (origine) à 1887, 6 vol. gr. in-4, avec nombreux dessins militaires, dos et coins percal.

186 **Uniformes Militaires**. Description de l'uniforme du corps Royal d'Etat-Major. 1845, 5 planches. — Description de l'uniforme de la garde nationale mobile. 1868, avec 1 planche. — Description de l'uniforme des carabiniers. 1845, avec 2 planches. — Description de l'uniforme du corps des équipages militaires. 1861, avec 12 planches. — Description de l'uniforme du corps royal du génie. 1844, avec 8 planches. — Description de l'uniforme du corps royal de l'artillerie, avec 9 planches. — Description de l'uniforme des chasseurs d'Orléans. *Paris*, 1845, avec 2 planches. — Description de l'uniforme de l'Etat-Major des places. 1844, avec 2 planches. — Description de l'uniforme des Hussards. 1845, avec 2 planches. Ensemble 9 brochures in-8.

187 **Historiques**. Historique du 95e régiment d'infanterie par Bloch. *Bourges*, 1888. — Histoire du deuxième régiment de cuirassiers, ancien Royal de cavalerie, par le Baron Rothwiller. *Paris*, 1877. — Histoire du 12e régiment de Dragons, par l'abbé Gabriel. *Verdun*, 1882; ensemble 3 vol. in-8 br.

188 **Historique** du 82e régiment d'infanterie de ligne et du 7e régiment d'infanterie légère. 1684-1876, par Arvers, avec 23 planches d'uniformes militaires, coloriées.

189 **Historique** du 3e régiment de Tirailleurs Algériens par Darier-Chatelain. *Constantine*, 1888, fort vol. gr. in-8 br.

190 **Histoire** de l'école spéciale militaire de St-Cyr. par un anc. Saint-Cyrien. 52 compositions hors texte, par Paul Jazet. *Paris*, 1886, gr. in-8 br.

191 **Raffet**. Napoléon Ier et la Garde Impériale, texte par Eug. Fieffé. *Paris*, *Furne*, 1859, in-4 rel.

20 planches d'uniformes militaires coloriées.

192 **Detaille** (Edouard). Les grandes manœuvres, texte par le major Hoff. *Paris, Boussod Valadon*, 1884, in-fol., dos et coins percal.

193 **Catalogue des tableaux** appartenant à Mgr. le duc d'Orléans. *Paris*, 1823-26, 4 vol. in-8, dem.-v. viol.

194 **Petites vues de Suisse**, par Eugène Cicéri. *Paris*, *Goupil*, très gr. in-8, 84 planches color., demi-mar. avec coins, tr dor.

195 **Die Koniglichen** Museen in Berlin. *Leipzig und Dresden*, A. H. Payne, *s. d.* — Die Dresdener Gallerie. 1 Band. *Ib.* — Ensemble 2 vol. in-4, nomb. fig., chagr. viol., tr. dor.

196 **Album des Dames** ; types et portraits de femmes peints d'après nature par J.-B. Laurens, etc. ; poésies par M. J. Soulary. Mme Blanchecotte, etc., et musique de divers maitres. *Paris*, *Hetzel*, 1864, in-fol., dem.-chagr. rou. avec coins, tête dor., ébarbé.

197 **Les Reines du monde**, par nos premiers écrivains ; ouvrage publié sous la direction de M· J.-G.-D. Armengaud. *Paris*, *Lahure*, 1862, in-fol., portraits, vignettes et culs-de-lampes, demi-chag. rou. tr. dor., *(cartonnage d'éditeur)*.

198 **Recueil** factice de 24 vues de Naples et des environs, dessinées par d'Anna, Fergola, Grasso, Hackert, gravées par Vincenzo Aloja ; en 1 vol. in-fol. obl., dem.-v. rou.

199 **Lalaisse.** Uniformes militaires français. Louis-Philippe. 19 planches in-fol. en travers, soigneusement coloriées.

200 **Lalaisse.** Armée Française. (République). 18 planches in-fol. coloriées.

201 **Sous ce numéro on vendra environ 15 beaux casques en fort bon état et très propres.** 1 Casque d'officier supérieur de dragons, Charles X. — 1 Schako de soldat, cuirassiers Charles X. — 1 casque de soldat, garde nationale, Charles X. — 1 casque de soldat, dragons de la garde 1854. — 1 casque trompette de cuirassiers de la garde 1854. — 1 schako d'officier de voltigeurs de la garde 1854. — 1 schapska d'officier de lanciers de la garde. 1854. — 1 casque de soldat cuirassier. 1815, Louis XVIII. — 1 schapska lancier, pet. tenue. 1830. — 1 schapska d'officier de lancier, pet. tenue 1854. — 1 schapska de hulan prussien. — 1 schapska de hulan bavarois. — 1 schapska de lanciers belge. — 1 schapska de lanciers anglais. 1850. — 1 schapska de lanciers, garde impériale russe.

202 **Sabre** de Cavalerie (18e Régiment (?).) époque Louis XVI, la lame porte les mots « vive la Roi (Reine), à demi éffacés la coquille de la Garde est décorée d'un trophée d'armes, les attributs du colonel du Régiment, où les fleurs de lys de l'Ecu ont été martelés. » Sans le fourreau.

203 **SABRE** de marin de la garde (vers 1800) sans le fourreau.

204 **DÉRO-BECKER. Galerie militaire.** Collection des costumes militaires de toutes les nations. *Paris, s. d.*, 381 planches lithogr. et finement coloriées, rel. en 4 vol. in-4, demi-chag. r., tr. dor. Une dizaine des planches sont d'un colori récent, trois ou quatre ne sont pas entièrement coloriées ; *collection fort rare.*

205 **DERO-BECKER et MARTINET**. Costumes militaires. 40 planches in-4 à toutes marges, coloriées.

206 **ARMAND-DUMARESQ. Uniformes de l'armée française** en 1861, troupes de lignes, album de 54 planches in-plano, lithographies coloriées.

207 **JANET-LANGE. Uniformes de l'armée française** en 1848, dessinés d'après les ordres du Ministre de la guerre. Album de 1 titre et 64 planches, gr. in-fol. lithographiées et finement coloriés, demi-maroq. avec coins. *Rare.*

208 **Martinet**. Troupes françaises 1810-1814, 34 planches gr. et coloriées. *Rare.*

209 **Histoire de l'Armée** et de tous les régiments par Pascal. *Paris*, 1864. 5 vol. gr. in-8, demi-bas. verte.
173 planches d'uniformes militaires par Philippoteaux, coloriées.

210 **Raffet**. Uniformes militaires, armée française garde royale et ligne, Restauration, 22 planches, lithog. coloriées.

211 **RAFFET**. Collection des **Costumes militaires** de l'armée et de la marine françaises 1833, 34 planches in-fol. coloriées, couverture imprimée, *très rare.*

212 **BASTIN. — Armée Francaise. — Uniformes**. 1815-1850. 25 planches, gr. in-fol., lithographiées et coloriées.

213 **EISEN.** Nouveau recueil des **troupes qui forment la garde et maison du Roy, leur uniforme et leurs armes.** *Paris Vve Chereau*, 1757, 16 planches pet. in-fol., gravées et coloriées.

224 **Adam (Victor)** Collection des **costumes militaires** armée française 1832, 36 planches in-fol. oblong. coloriées.

1 titre colorié, 1 feuillet dédicace n. col. et 14 planches d'uniformes militaires coloriés très rares.

215 **Etats militaires** par de Roussel et de Montandre-Longchamps. De 1759 à 1789. plus la table de l'état militaire de l'origine 1758 à 1766. Ensemble 31 vol. pet. in-12 rel. v. l'année 1763 manque.

216 **Annuaires militaires** de l'origine 1819 à 1885, in-clus, 64 vol. in-8 rel. (quelques-uns brochés).

EQUITATION — ESCRIME — CHASSE — NOBLESSE — MUSIQUE

JEUX ET AUTRES.

217 **Musique**. La musique en Lorraine, étude rétrospective par Albert Jacquot, *Paris* 1886, gr. in-8 nomb-fig. br. n. c.

218 **Livre aux armes.** Tableau général et alphabétique des pensions civiles et militaires. *Paris, Imp. Royale*, 1826, in-4, maroq. rouge, pl., large dent, s. les pl., dos orn., tr. dor. Belle reliure aux armes royales.

219 **Dictionnaire de musique** par le docteur Pierre Lichtenthal, trad. par Dominique Mondo. *Paris*, 1839, 2 vol. in-8 br.

220 **Histoire** du mareschal de Gvebriant, cont. le récit de ce qvi s'est passé en Allemagne dans les guerres des couronnes de France et de Suède, et des états alliés contre la maison d'Autriche, avec l'histoire généologique de la maison du même mareschal et de plusieurs autres des principales de Bretagne, par Jean Le Labovrevr. *Paris, Pierre L'Amy*, 1657. — Histoire généologique de la maison des Bvdes, par le même-oraison fvnèbre prononcée dans l'Eglise Nostre-Dame de Paris au service solennel, fait par l'ordre du Roy, le 8 juin 1644, pour l'enterrement de M. le Maréchal De Gvebriant, par Mess. Nicolas Grillie, évêque et comte d'Uzez. *Paris*, 1656, fort vol. in-fol., 1 portrait, 1 frontispice et de nombreux blasons dans le texte. *Reliure fatiguée.*

221 **Renier** (Léon). Recueil de diplômes militaires. 1re livraison avec 37 planches. *Paris, imp. nationale*, 1887, in-4 br.

222 **Armorial de la Chambre des Comptes de Paris**; essais historiques et chronologiques, privilèges et attributions nobiliaires et armorial, par le comte Coustant d'Yanville. *Paris*, 1866-75, 2 parties gr. in-4 en 9 fascicules *(Complet)*.

223 **Guillet.** Les arts de l'homme d'épée ou dictionnaire du gentilhomme, cont. l'art de monter à cheval. *Paris*, *Clouzier*, 1678, 2 vol. in-12 rel.

224 **Guillet.** Les arts de l'homme d'épée, ou le dictionnaire du gentilhomme, cont. l'art de monter à cheval, etc. *La Haye*, *Mœtjens*, 1686, in-12, rel. parchemin.

225 **Carbon de Bégrières.** La science, ou manuel des Ecuyers. *Paris Cailleau*, 1751, in-8, demi-parc. taches dans le fond des marg.

226 **Ramée.** Histoire des chars, carrosses, omnibus et voitures de tous genres. *Paris*, 1856, in-12, avec 20 gravures, br. couv. imp. *Rare*.

227 **Calendrier des courses de chevaux**, ou « Racing calendar » français; relation détaillée de toutes les courses qui ont eu lieu depuis 1773 jusqu'à la fin de 1833, plus les années 1836-1837-1841-1842-1843. Ensemble 4 vol. in-12 rel.

228 **Cultivateur** (le). Journal des progrès agricoles, de l'origine 1829 à 1848 inclu, soit 20 vol. in-8, demi-v, *très propres*.

229 **Journal des Haras, chasses, courses de chevaux**, etc., etc., de l'origine (1828) à 1851 inclus, soit 23 années en 22 vol. in-8 rel., *avec de nombreuses gravures de chevaux, courses, chasses, etc.*

230 **Hugone** (Hermanno). De Milita eqvestri antiqva et Nova ad regem Philippvm IV. Libri qvinqve. *Anverpiæ, officina Plantiniana Balthasaris Moreti*, 1630, pet. in-fol., avec de curieuses planches hors texte et fig. dans le texte, demi-bas., ouvrage curieux.

231 **L'art** de monter à cheval, ou description du manège moderne dans sa perfection..., écrit et dessiné par le baron d'Eisenberg et gravé par B. Picart. *La Haye*, 1733, in-fol. oblong, v. gran. *(Bel exemplaire)*.

232 **Veterinariæ** medicinae libri II Johanne Revellio Svessionensi interprète. *Parisiis, Apud Simonem Colinaeum*, 1530, in-fol., rel. demi-vél., *très bel exemplaire bien conservé, rare*.

233 **Lancosme-Brèves** (cte). De l'équitation et des Haras. *Paris*, 1842, in-8, demi-chag.

234 **Arts académiques.** Equitation, escrimes, danse et art de nager. (De l'Encyclopédie). *Paris*, **1786, 1** vol. **in-4**, avec **3** planches pour l'équitation et **11** planches pour l'escrime, finement gravées.

235 **Garsault.** Le nouveau parfait maréchal, avec un dictionnaire des termes de la cavalerie. *Paris*, 1805, in-4, nomb. pl. gr., rel. v. pl.

236 **Equitation. Adam** (Victor). L'hippodrome au coin du feu. *Paris, Aubert, s. d.* (vers 1840). Album in-fol. oblong. cart. toile de l'éditeur. 16 pl. lithographiées et finement coloriées, *très rare.*

237 **Equitation. Newcastle.** Méthode et invention nouvelles pour dresser les chevaux par le très-noble, haut et très-puissant prince Guillaume marquis et comte de Newcastle, etc. etc. *Londres*, 1737, in-fol. cont. 1 superbe titre et 42 splendides planches doubles du format et très finement gravées. *Très bel ouvrage devenu fort rare.*

238 **Equitation. Drumond de Melfort.** Traité de cavalerie propre à conduire l'homme de guerre depuis l'état de simple cavalier jusqu'à celui de général d'armée. *Paris, Nyon*, s. d. (vers 1760). 1 vol. in-fol., avec un superbe frontispice de Ingouf et 1 atlas g. in-plano, cont. 32 planches doubles, par van Blarhemberg. *Ouvrage fort rare.*
Mouill. d'eau, une pl. est lég. fripée.

239 **Solleysel** (Le S^r de). **Le parfait mareschal** qvi enseigne à connoitre la beavté, la bonté et les défauts des cheuaux, un traité du Haras pour éleuer de beaux poulains et les réceptes pour bien emboucher les cheuaux, avec les figures nécessaires. *Paris*, 1706, pet. in-4 rel.

240 **Jeux.** Théorie mathématique des effets du jeu de billard, par Coriolis. *Paris*, 1835, 1 vol., avec 12 grandes pl. — Traité du jeu de bouillotte, par E. Dormoy. *Paris, Gauthier-Villars*, 1880, 1 br. — Traité du Baccarat, par Laun. *Paris, s. d.*, ens. 4 vol., ou br. in-8.

241 **Guérinière** (De La). Ecole de cavalerie, contenant la connoissance, l'instruction et la conservation du cheval. *Paris*,1751, in-fol., avec 1 front., 6 portr. équestres, vig, et 13 pl. gravées, cartonné, entièrement n. rog.

242 **Escrime.** Gymnastique militaire, escrime à la bayonnette, par Chapitre. *Bruxelles*, 1863, gr. in-8, avec plus de 20 pl. gr., tirées sur chine, rel. chag. pl., fil. et comp. chif., A cour. sur les pl. et sur le dos, dent. int., tr. dor.

243 **Demeuse.** Traité de l'art de faire des armes. Nouvelle édit., ornée de 14 planches gr. *Paris, Delarue, s. d.*, (vers 1820), in-12, demi-chag. rouge, avec coins, n. rog., tête dor., *rare, quelques légers raccommodages dans le fond des marges.*

244 **Blaze.** Le chasseur au chien d'arrêt. *Fleurus, Oudart*, 1852, pet. in-8 br.

245 **Chasse.** Nouveau manuel du veneur, contenant toutes les fanfares ; une méthode générale pour sonner de la trompe, par **Tellier.** *Paris*, s. d., pet. in-4 oblong.

246 **Chasse. Traité de la chasse du lièvre** à courre en Poitou, texte de Louis de la Roulière. 75 illustrations de Gaignard. *Paris, Pairault*, 1888, in-4, en feuille, dans un carton spécial.

Ouvrage de haut luxe, tiré à 386 ex. sur papier vélin extra fort du Marais, fig. coloriées à la main. (N° 66 du tirage).

247 **Chasse.** Dictionnaire de toutes les espèces de chasse (de l'Encyclopédie). *Paris*, an III (1795), in-4 cart. n. rog.

248 **Chasse.** Théorie générale de toutes les chasses au fusil, à courre et à tir pour le gibier à poil et à plume et des grandes chasses royales par une société de chasseurs, et corrigée par l'auteur de l'Aviceptologie (Cussac). *Paris*, 1829, fort vol. in-12 avec figures et 30 fanfares en airs notés.

249 **Saint-Allais** (de). L'ordre de Malte, ses grands maîtres et ses chevaliers. *Paris*, 1839, in-8, avec 4 planches de blasons, dont une en couleurs.

250 **Houdetot** (A. d'). Le tir au pistolet, causeries théoriques. 4e édition. *Paris*, 1850, pet. in-8 cart., dos et coins, perc., 1 fig. (*Mouill. d'eau*).

251 **Boitard et Corbié.** Les pigeons de volière et de colombier, ou Hist. naturelle et monographie des pigeons domestiques. *Paris*, 1824, in-8 avec 25 figures représent. des pigeons peints d'après nature. Demi v. *Rare.*

SUPPLÉMENT ET OUVRAGES OMIS

LIVRES ET AUTOGRAPHES

252 **Dictionnaire** populaire de médecine usuelle, d'hygiène publique et privée par le Dr Labarthe. Ouvrage illustré de 1270 figures. *Paris, Marpon*, 2 forts vol. gr. in-8, demi-chagr., n. rog. *Bel exempl.*

253 **Cress** (Docteur). L'homme et sa vie sexuelle. *Turin*, s. d., beau vol. in-8, demi-chag., n. rog., nombreuses fig. et pl. en coul. *Bel exempl.*

254 **Uzanne** (Oct.). S. A. la Femme. Exemplaire à l'état de neuf.

255 **Brevet** de Garde de la porte du Roi. (1787). Signé de Vergennes.

256 **Brevet** de chirurgien à la 50e demi-brigade. Signatures : « Bonaparte, Carnot, Huguet et Maret. »

257 **Congé** de gendarme dans la Compagnie des hommes d'armes d'ordonnance. 1er avril 1788. Signé : Maréchal de Castries.

258 **Brevet** de secrétaire écrivain militaire, 25 janvier 1792. Signatures : Louis et de Narbonne.

259 **Brevet** d'enseigne de Marine. Signé : « Louis » « Lacoste, ministre de la marine », 18 juin 1792. 1 flle in-4, parch.

260 **Mémoires** des captifs de l'Ile de Cabrera et les adieux à cette île, par Wagré. *Paris, s. d.*, in-8 br., *rare.*

261 **Mémoires** d'un sergent, par Robert Guillemard. *Paris*, 1853, 2 vol. in-8, *très rare.*

262 **Rocca** (off. de hussards). Mémoires sur la guerre des Français en Espagne. *Paris*, 1814, in-8, rel.

263 **Mémoires** du Colonel Combe. *Paris*, 1853, in-12 br., envoi autog. signé, *très rare.*

264 **Manuscrit.** Principes de l'art de la guerre. 1793, in-16, d'une très belle écriture, rel. v. pl.

265 **L'Art**. Revue illustrée ; années 1876, 1877 et 1878.

266 **Adam** (Vict.). Histoire de Napoléon. Suite de sujets composés et dessinés par Vict. Adam. Les portraits par Maurin. 1 titre et 13 planches gr. in-fol. lithog.

267 **Elégies de Tibulle,** suivies des baisers de Jean second, par Mirabeau. *Paris, Crapelet,* 1798, 3 vol. in-8, avec le portrait de l'auteur par Borel, gravé par Voysard, et celui de Sophie par Borel gravé Elluin, et 13 jolies fig. de Borel gravées par Elluin, dont une de Marillier gr. par Dupréel, rel. veau pl.

268 **Œuvres de Vadé,** ou recueil des Opéra-comiques, parodies et pièces fugitives de cet auteur. *Paris, Duchesne,* 1758, 4 vol. in-8, rel. v.

Le poème « la Pipe Cassée », avec vignettes, se trouve dans le tome III.

269 **Contes** de Guill. Vadé, avec préface par Catherine Vadé. *S. l.*, 1770, in-8, v. pl.

270 **Contes du Tonneau** (Les), trad. de Swift. *La Haye*, 1757, 2 vol. in-16, avec fig., rel.

271 **Rousseau**. La Nouvelle Héloïse. *Amst.*, 1775, 2 vol. in-8, fig. rel.

272 **Elzévir**. Réunion de 32 vol. in-32, imprimés par les Elzévir.

4.000 Volumes seront vendus en Lots.

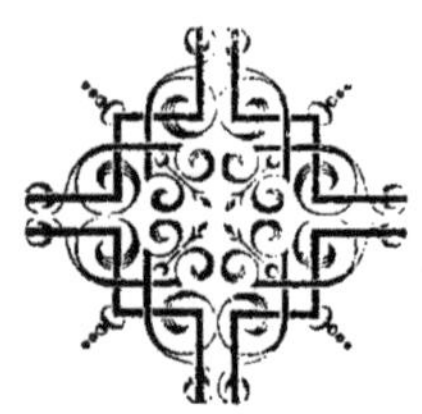

GRANDE IMPRIMERIE DU CENTRE — HERBIN A MONTLUÇON

www.ingramcontent.com/pod-product-compliance
Ingram Content Group UK Ltd.
Pitfield, Milton Keynes, MK11 3LW, UK
UKHW020532180726
13839UKWH00005B/2466

9 782329 609515